THIS BOOK BELONGS TO ....
....
....

Name: _____   Date: _____

a   *a a a a a*

      a a a a a

a   *a a a a a*

      a a a a a

a a a a a a a a a

a a a a a a a a a a a

a a a a a a a a a a

a a a a a a a a a a a a

Name: Date:

𝓑 𝓑 𝓑 𝓑 𝓑 𝓑

𝓑 𝓑 𝓑 𝓑 𝓑

𝓫 𝓫 𝓫 𝓫 𝓫 𝓫

𝓫 𝓫 𝓫 𝓫 𝓫

B B B B B B B B

b b b b b b b b b b

B B B B B B B B B

b b b b b b b b b b

Name: _____　　　　Date: _____

C　　c c c c c
　　　c c c c c

c　　c c c c c
　　　c c c c c

C C C C C C C C

c c c c c c c c c c c c

Name: _____   Date: _____

D D D D D D D

d d d d d d d d d d

D D D D D D D

d d d d d d d d d d

Name: _____   Date: _____

E

ℰ ℰ ℰ ℰ ℰ
ℰ ℰ ℰ ℰ ℰ

e

e e e e e
e e e e e

E E E E E E E

e e e e e e e e e e e e e

ℰ ℰ ℰ ℰ ℰ ℰ ℰ

e e e e e e e e e e e e

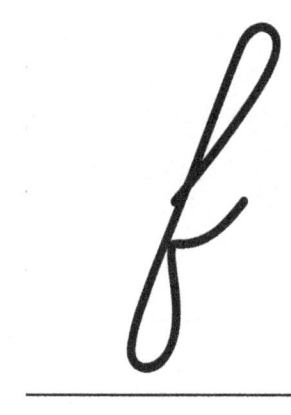

Name: _____ Date: _____

F F F F F F F

f f f f f f f f f f

F F F F F F F

f f f f f f f f f f f

Name: _____   Date: _____

Name: _____   Date: _____

H

H H H H H H H

h h h h h h h h

H H H H H H H

h h h h h h h h

Name: _____   Date: _____

l   *l l l l l*

      l l l l l

i   *i i i i i i*

      i i i i i i

l l l l l l l l

i i i i i i i i i i i i

l l l l l l l l

i i i i i i i i i i i i i

Name:	Date:

J

J J J J J
J J J J J

j

j j j j j j
j j j j j j

J J J J J J J J

j j j j j j j j

J J J J J J J J

j j j j j j j j j

Name: Date:

𝒦 𝒦 𝒦 𝒦 𝒦 𝒦
   𝒦 𝒦 𝒦 𝒦 𝒦

𝓀 𝓀 𝓀 𝓀 𝓀 𝓀
   𝓀 𝓀 𝓀 𝓀 𝓀

K K K K K K

k k k k k k k k k

K K K K K K K

k k k k k k k k k

Name: _____   Date: _____

L

𝐿 𝐿 𝐿 𝐿 𝐿
𝐿 𝐿 𝐿 𝐿 𝐿

l

𝑙 𝑙 𝑙 𝑙 𝑙 𝑙
𝑙 𝑙 𝑙 𝑙 𝑙 𝑙

L L L L L L L

l l l l l l l l l l l l l

ℒ ℒ ℒ ℒ ℒ ℒ ℒ

𝓁 𝓁 𝓁 𝓁 𝓁 𝓁 𝓁 𝓁 𝓁 𝓁 𝓁 𝓁

Name: _____ Date: _____

M   m m m m
    m m m m

m   m m m m
    m m m m

m m m m m m m

m m m m m m m

m m m m m m m

m m m m m m m

Name: Date:

n n n n n n
   n n n n n

n n n n n n
   n n n n n

n n n n n n n

n n n n n n n n

n n n n n n

n n n n n n n n

Name: _____   Date: _____

O 𝒪 𝒪 𝒪 𝒪 𝒪
   𝒪 𝒪 𝒪 𝒪 𝒪

O 𝒪 𝒪 𝒪 𝒪 𝒪
   𝒪 𝒪 𝒪 𝒪 𝒪

𝒪 𝒪 𝒪 𝒪 𝒪 𝒪 𝒪 𝒪

𝓸 𝓸 𝓸 𝓸 𝓸 𝓸 𝓸 𝓸 𝓸 𝓸 𝓸 𝓸

𝒪 𝒪 𝒪 𝒪 𝒪 𝒪 𝒪 𝒪

𝑜 𝑜 𝑜 𝑜 𝑜 𝑜 𝑜 𝑜 𝑜 𝑜 𝑜

Name: _____   Date: _____

p

p p p p p p p p

p p p p p p p p

p p p p p p p

p p p p p p p p

Name: _____ Date: _____

Q   Q Q Q Q Q
    Q Q Q Q Q

q   q q q q q
    q q q q q

Q q

Q q

Name: _____   Date: _____

R

r

R R R R R R R

r r r r r r r r r r r

R R R R R R R

r r r r r r r r r r r

Name: Date:

S S S S S S S

J J J J J J J J J J J J

Name: _____   Date: _____

T   T T T T T
     T T T T T

t   t t t t t t
     t t t t t t

TTTTTTTTT

tttttttttt

Name: Date:

𝒰 𝒰 𝒰 𝒰 𝒰 𝒰
   𝒰 𝒰 𝒰 𝒰 𝒰

𝓊 𝓊 𝓊 𝓊 𝓊 𝓊
   𝓊 𝓊 𝓊 𝓊 𝓊

𝓤 𝓤 𝓤 𝓤 𝓤 𝓤 𝓤

𝓾 𝓾 𝓾 𝓾 𝓾 𝓾 𝓾 𝓾 𝓾 𝓾

U U U U U U U

u u u u u u u u u u

Name: Date:

V V V V V V V V

u u u u u u u u u

V V V V V V V V

u u u u u u u u u

Name: Date:

W W W W W W

w w w w w w w w

W W W W W W

w w w w w w w w

Name: Date:

X X X X X X X

x x x x x x x x x x

X X X X X X X

x x x x x x x x x x

Name: Date:

Y y y y y y
y y y y y

y y y y y y
y y y y y

Y Y Y Y Y Y Y

y y y y y y y y y y

Y Y Y Y Y Y Y

y y y y y y y y y y

Name: _____   Date: _____

Z

z

water water water

apple apple apple

rain rain rain rain

school school school

play play play play

car car car car

flower flower flower

lion lion lion lion

sun   sun   sun   sun

moon   moon   moon

mom mom mom

dad dad dad dad

he   he   he   he   he   he

she   she   she   she   she

ball   ball   ball   ball

doll   doll   doll   doll

bag bag bag bag

winter winter winter

orange orange orange

zebra zebra zebra

good good good good

tree tree tree tree

rat   rat   rat   rat   rat

yellow   yellow   yellow

white white white

black black black

ink ink ink ink

joker joker joker joker

flower flower flower

snake snake snake

tiger tiger tiger tiger

bat bat bat bat

king king king king

queen queen queen

crown crown crown

toy toy toy toy

light light light light

kite kite kite kite

bus   bus   bus   bus

boat   boat   boat   boat

hen hen hen hen

goat goat goat goat

Made in United States
Orlando, FL
24 May 2024